はじめに

授業中，子どもたちは笑っていますか？

授業をしながら，先生自身は笑えていますか？

わかった時の喜びの笑顔，仲間と学び合う楽しさからあふれる笑顔，

学習内容を全員に獲得させた時の会心の笑顔……

もちろん学習内容で笑顔になれることが一番です。

だけど，性格や学力も含め，いろいろな子どもがいる教室。

毎日のすべての授業でそんな笑顔を生み出すのは至難の業です。

学習内容を獲得することが最大の目的である授業。

その過程で，いろいろな要素が組み合わさって１つの授業となります。

その小さな要素にひと工夫加えて「ただただおもしろく」してみませんか。

相撲の決まり技48手。勝つという目的のために48の技が存在します。

本書では授業を「ただただおもしろくする」という目的に向かって，

「音読の方法」48手を紹介します。

授業のスタート，「では，○○さん読んでください」と指名する先生。

立ち上がって音読をはじめる子ども。

全国の学校で当たり前に見かける光景です。

この音読にちょっと「笑い」の起こるエッセンスを加えてみます。

「○○先生おもしろいから大好き！」

子どもたちからもらう最高のプレゼントですね。

さあ，まずはできることからはじめてみませんか？

2019 年 9 月　　　　　　　　授業力＆学級づくり研究会　垣内幸太

■■■Contents■■■

はじめに 3

- ■ 音読の基礎知識 9
- ■ ただただおもしろくする音読のコツ！ 11
- ■ こんな時にはこんな音読！ 13

ただただおもしろい 音読の方法 48手

まずは定番の おもしろ音読！

1 自分史上最高音読　16

2 先生まねっこ音読　18

3 口パク音読　20

4 表情音読　22

5 ノーミス音読　24

6 早口音読　26

7 音量調節音読　28

8 ロボット音読　30

⑨ ひと息音読　　32

⑩ バックミュージック音読　　34

スリル満点! ゲーム音読!

⑪ ぴったり音読　　36

⑫ （　）抜き音読　　38

⑬ 動作指定音読　　40

⑭ ウソつき音読　　42

⑮ 笑ってはいけない①音読　　44

⑯ 笑ってはいけない②音読　　46

⑰ 爆弾音読　　48

演技派 おもしろ音読!

⑱ 振りつけ音読　　50

Contents　5

19 全力音読　　52

20 お話音読　　54

21 なりきり音読　　56

22 腹話術音読　　58

23 語尾しばり音読　　60

24 イングリッシュ音読　　62

そんなのあり?? 邪道音読！

25 さかさま音読　　64

26 うろうろ音読　　66

27 ローリング音読　　68

28 トレーニング音読　　70

29 ポーズ音読　　72

30 ダンシング音読　　74

31 ミュージカル音読　　76

仲間と一緒に 交流音読！

32 そろえて音読　　78

33 ともだちまねっこ音読　　80

34 会話音読　　82

35 にらめっこ音読　　84

36 じゃんけん音読　　86

37 ウエーブ音読　　88

38 リレー音読　　90

39 指名音読　　92

40 サークル音読　　94

41 やまびこ音読　　96

42 列交代音読　　98

43 役割音読　　100

44 好きなところ音読　　102

45 合いの手音読　　104

46 お散歩音読　　106

47 アイドル音読　　108

48 全員ノーミス音読　　110

音読の基礎知識

音読とは,「声に出して文章を読むこと」です。国語の授業のみならず,たくさんの場面で行われています。さて音読は,どんな役割を持ち,行うことによってどんな効果があるのでしょうか。

「音読」の役割！効果！

■音読「力」

　文章を読む際には,文字を目で追っていくことが必要となります。書いていることを理解するためには,一文字一文字ずつ文字を認識するのではなく,ひとまとまりの単語として理解することが求められます。そして,単語と単語を結び付けて,文章として理解しなくてはなりません。音読は,さらにその読み取ったことを声に出して読むのですから,決して簡単なことではありません。

　しかし,この音読する効果は,「脳の活性化につながる」「集中力が増す」「読解力が高まる」「感情のコントロールができるようになる」「コミュニケーション力が高まる」など多くのことが言われています。音読「力」を高めることは,様々な教育効果があることは確かです。

　淡々と続けるのではなく,意図をもって続けていくことが大切です。

■学習意欲を喚起

　文章を読むだけならば，音読ではなく黙読でもよいはずです。なぜ音読を行うのでしょう。

　当然ながら，音読する際には，他者に声が聞こえます。スラスラとつかえずに，適切な声や気持ちを込めて音読できているのかといったことを聞かれると言うことです。それは，読み手の文章理解度が伝わるということです。同時に，読み手自身も自分の文章理解度を認識することができます。

　他者からの評価，自分自身の評価を容易に得ることができるのは音読の大きな要素です。この評価が次なる意欲へとつながります。

　また，個人の差こそあれど，音読は，繰り返し行えば必ず上達します。うまくなっていくことを実感することができます。その自信は，学習意欲を喚起することにつながります。

■全員参加

　音読は，誰でも参加することができます。いつでも簡単に行うことができます。授業の中で，誰かが音読をはじめます。その姿を見ると学級がどんな状況なのか，ある程度把握できます。読んでいる人と同じように，文章を目で追うのが理想です。しかし，よく見ると全然違うページを開いている子，突っ伏している子，つまらなそうにしている子……。そんなクラスは普段の様子もしんどいことが多いです。仲間の音読を聞き合う，仲間と声を合わせる，仲間と音読を評価し合う……。音読は，子どもたちをつなぎます。仲間とのつながりが，よい学級づくりにつながります。

　また，音読は，子どもと親，学校と親をつなぎます。きっと多くの学校で取り組まれている音読の宿題。ただ機会的に行っているだけではもったいない。時には，お家の人の感想をいただいたり，学校でのがんばりを伝えたりすることに使ってみましょう。音読が家庭との架け橋となることでしょう。

ただただおもしろくする音読のコツ！

子どもたちはおもしろい授業が大好き！
「音読」もひと工夫加えれば，みんなを楽しくすることができます！　そのコツはなんでしょう。

みんなが楽しくなる「音読」のコツ！

■設定・しばり
　「では，18ページ，○○さん読んでください」
　「はい，……」
　どこの教室でも，当たり前に行われているのではないでしょうか。安心の流れですね。しかし，この当たり前がマンネリ化してはいないでしょうか。ただ読んでいるだけ，ただ聞いているだけ。さあ，そんな時こそ，教師の腕の見せ所です。
　「1分ぴったりで読みましょう」
　「気合を入れて，みんな全力で読みましょう」
　「ともだちとお話ししているように読みましょう」などなど。
　教師が設定やしばりを加えることで，授業を活性化させてみましょう！

■ゲーム性

　ゲームは人を夢中にさせます。また笑顔にしてくれます。子どもたちもゲームが大好きです。ゲームの力を使って，音読も楽しくしてみましょう。

　音読の時間でも，工夫ひとつで，教室に笑顔があふれます。みんなが楽しい気持ちになれます。

「教科書をぐるぐるローリングさせながら読みましょう」

「みんなは笑わせるけど，読んでいる人は笑ってはいけません！」

「2人でにらめっこしながら読みましょう」

　思いもしていないこと，サプライズで子どもたちも大喜び。いつもの音読にゲームというスパイスを加えることで，授業の雰囲気がガラリと変わります。教師も遠慮せずに子どもたちと同じように楽しんでやってみましょう！

■仲間とのつながり

　1人ではしんどいことも，みんなですれば楽しくなるものです。みんなで参加できる状況をつくれることができるのも，「音読」の大きな力です。

「2人で声をそろえて読みましょう」

「1人が音読するから，あとの人はやまびこの役をするんだよ」

「いまから○○さんが音読をしますよ。みなさん合いの手を入れて盛り上げましょう！」などなど。

　仲間とのつながりを活用することで，授業に意欲的に参加できる子どもも増えるはずです。

　授業への参加率は，わたしたち教師が強く意識しなくてはならないことのひとつです。もちろんすべての子どもが，学習内容に関心をもち，授業に参加してくれることが最善です。しかし，それは容易なことではありません。音読をただただ楽しくすることで，授業に参加する子どもたちを増やしていきましょう。

こんな時にはこんな音読！

本誌で紹介する48手の音読の方法。
状況に応じて使いわけていきましょう。どんな時に，どんな音読の方法を用いればいいのでしょう。

意図に応じた「音読」の方法！

ただただおもしろくする「音読」ですが，意図によって使いわけることでより効果的におもしろくなります。意図別に分類してみましょう。

意図	方法
① 緊張感がおもしろい 　失敗したらどうしよう。ハラハラドキドキ！　そんな緊張感がおもしろい音読方法です。	① 自分史上最高　㉖ うろうろ ⑤ ノーミス　　　㉟ にらめっこ ⑰ 爆弾　　　　　㊱ じゃんけん ㉕ さかさま
② 意思表示がおもしろい 　どこをどのように発表したいか，自分の意思を様々な方法で示すのがおもしろい音読方法です。	⑦ 音量調節　　　㊵ サークル ⑲ 全力　　　　　㊸ 役割 ㊴ 指名　　　　　㊹ 好きなところ

こんな時にはこんな音読！　13

③ 工夫するのがおもしろい 　そのまま読むのではなく，自分の頭で考え工夫することが必要となる音読です。	**3** 口パク **4** 表情 **10** バックミュージック **14** ウソつき **18** 振りつけ	**20** お話 **21** なりきり **23** 語尾しばり **24** イングリッシュ **31** ミュージカル
④ チャレンジするのがおもしろい 　みんなで考える。みんなでそろえる。ちょっと新しいことを加えてみんなで挑戦するのがおもしろい音読方法です。	**2** 先生まねっこ **6** 早口 **8** ロボット **9** ひと息 **11** ぴったり **12** （　）抜き **13** 動作指定	**22** 腹話術 **27** ローリング **28** トレーニング **29** ポーズ **30** ダンシング **33** ともだちまねっこ
⑤ 仲間とのつながりがおもしろい 　仲間と一緒に音読する。仲間とつながるからおもしろい音読方法です。	**32** そろえて **34** 会話 **37** ウエーブ **38** リレー	**42** 列交代 **46** お散歩 **48** 全員ノーミス
⑥ みんなでするからおもしろい 　とにかくみんなが参加できる。わいわいと盛り上がれる音読方法です。	**15** 笑ってはいけない① **16** 笑ってはいけない② **41** やまびこ	**45** 合いの手 **47** アイドル

ただただおもしろい音読の方法48手

音読の方法 **1** 手目

 ## 自分史上最高音読

史上最高！

こんな決まり手！

先生 「自分史上最高の音読をしてみましょう。どんなことに気をつけると自分史上最高になりますか」
子ども 「声の大きさ，間，気持ちと……」
先生 「そうですね，でも，それだけじゃたりません！」
子ども 「え？」
先生 「顔も自分史上最高で読みましょう！」

注意事項！

- 何度か練習した後に行いましょう。
- 顔ばっかりに注目しすぎないようにしましょう。

解説

　子どもたちは，最高，スペシャル，スーパーなど特別感のある言葉が大好きである。「自分史上最高」なんと魅力的な言葉であろうか。最高の音読の後は，みんなで大きな拍手をおくりたい。「クラス史上最高」「人類史上最高」でもよいが，他者と比べるよりも自分と比較することで，子どもたちが安心して音読できるようにする。

　前日に行ったならば，次の日は昨日の自分を越えることをめざす。あくまで，「自分史上」である。どこかこれまでより成長が見られた場合にはまだまだ不十分な音読であっても OK とされたし。

応用！

■ スペシャリスト

　史上最高の声の大きさ部門，史上最高の気持ちの込め方部門，史上最高のスラスラ読み部門など，部門に分けてもおもしろい。

■ 予告

　「明日，史上最高音読してもらうからがんばるんだよ」と伝えておく。授業の際，突然を装って指名。見事に音読した後は賞賛の言葉を！

■ 自分史上最低の音読

　最低の声の大きさ，最低の間のとり方……。工夫を凝らした最低の読み方を披露し合うと，教室は大爆笑に包まれる。

禁じ手

同じ子ばかりがヒーローになりがち。部門も設けていつも同じ子ばかりにならぬように……

音読の方法 2 手目　先生まねっこ音読

参考：「動物の体と気候」(増井光子文)

こんな決まり手！

先生　「いまから音読をします。先生の後に続いて読みましょう」
子ども「はーい」
先生　「ちきゅ〜う上に〜は，あ〜つくて……」（変な発音で）
子ども「地球上には，暑くて……」
先生　「ちがいます！　先生と同じように読むんです！」
子ども「ちきゅ〜う上に〜は，あ〜つくて……」

注意事項！

- 何を言っているのか全くわからないほど変化させるのはやめましょう。

解説

　先生の後に続いて音読する「追い読み」はよく用いられる方法である。視覚からの情報だけでなく，聴覚からの情報を合わせることで，より音読の力を高めることができる。特に音読入門期ともいえる低学年では有効な方法である。その「追い読み」にひと工夫加えて，おもしろくしてみよう。

　先生「みんな赤いのに」，子ども「みんな赤いのに」と普通に音読しているときに「いっぴきだ～けは」などと放り込んでみる。子どもたちは大笑いしながらも，同じように読み続く。盛り上がること間違いなしである。

応用！

■ ○○を変える

　速さを変える。強さを変える。間を変える。声色を変える。いろいろな変化をさせることができる。お得意の方法を見つけてもらいたい。

■ 語尾を変える

　語尾を変えてみる。「元気をとりもどした」→「元気をとりもどしたぜ！」とするだけでも，十分おもしろい。慣れてきたら，いろいろなパターンを試してもらいたい。

禁じ手
抑揚が独特すぎて，へんな発音が大流行してしまうような事態は避けよう……

ただただおもしろい　音読の方法48手　19

音読の方法 3 手目　口パク音読

こんな決まり手！

先生　「さあ音読をします。ただ今日は，声を出してはいけません」
子ども「えー，それじゃあ読めないよ」
先生　「読めます！　声は出さずとも口はしっかり動かして読みます！」
子ども「はい！」
先生　「気持ちを込めれば，みんなの声は心に届くはず！」

注意事項！

- 声を出してはいけませんが，口はしっかりあけて読みましょう。
- のどの奥までひらくようにして読みます。

解説

「０の声音読」や「金魚の口音読」や「サイレント音読」などと呼ぶこともある。声を出さなくていいので、音読が苦手な子も恥ずかしがらずに取り組むことができる。特に口形をしっかり身につけさせたい低学年におすすめしたい。

まずは円などになって、お互いが見える形になろう。シーンと静まり返る中、口がパクパクするわずかな音だけが響く。口の形を頼りに、いまどこまで読み進んでいるのか判定する。自然と読んでいる子に注目が集まる。独特の雰囲気が広がる。

また、音がしないことを利用して、「ごんぎつねを口パク音読で３回！」など、自習の課題としても使える。

応用！

■ どこまで読むかは読み手が決める

交替で読んでいく際、前の人がどこまで読んだのかを確認するには、しっかり前の人の口を見ておくことが必要となる。

■ ボリューム調整

０の声からはじめて、徐々に声を大きくしていくとボリュームの変え方を学ぶことができる。普通に音読していて、突然「０の声！」のコールをかけるのもおもしろい。

禁じ手

ただパクパクしているだけで、あきらかに読んでいないというのは見逃してはならない……

ただただおもしろい　音読の方法48手　21

音読の方法 4 手目 表情音読

こんな決まり手！

先生　「さあ，今日は顔で音読してもらいます！」
子ども「顔？　口で読むんでしょ！」
先生　「違います！　顔です。顔をみれば，いまどんな様子なのかわかるように音読してみましょう」
子ども「は，はい！」

注意事項！

- 場面によって心情や様子の変化していくもので行いましょう。はずかしがらずに行うことが大切です。

解説

　すごく悲しい場面でも，楽しい場面でも無表情で淡々と読み進めている様子をみていると，なにか物足りなさを感じる。お話の中にどっぷり浸り，登場人物の気持ちや場面の様子を存分に想像しながら，音読してもらいたいものである。

　しかし，表現豊かに音読することに恥ずかしさを伴う子どももいるだろう。そこで，表情をつけて，楽しく音読させることにチャレンジさせてみよう。教師が音読して，子どもたちは表情だけ表現することからはじめてもいいだろう。

　時には，お調子者が状況と全く違う表情をする。それも含め，みんなで楽しみながら進めるぐらいの余裕をもってされたし。

応用！

■ 二人組

　二人羽織のように，1人は後ろに隠れる。隠れた人が音読をして，前の人は口パクしながら表情だけ変えていく。声の様子と表情がずれると笑いが起こる。

■ 全身で表現

　表情だけでなく，思い切って全身で心情を表現してみよう。ミュージカルのように派手な動きは大いに称賛したい。

禁じ手

感情移入しすぎて，泣いたり，怒ったりを後々引きずるような事態は避けなければならない……

ただただおもしろい　音読の方法48手

音読の方法 5 手目
ノーミス音読

こんな決まり手！

先生　「では，『。』ごとに順に読んでいきます。ただし，間違えたり，つまったりしたらアウトです。次の人は同じところを読みなおしますよ」
子ども「えー！」
先生　「みんなの力で，最後までいこう！」
子ども「がんばるぞー！」

注意事項！

- ある程度，練習期間をとった後に自信をもって行えるようにしましょう。

解説

　間違えたり，つかえたりせずにスラスラと読むことはみんながめざすところ。しかし，いつもいつもうまくいくとは限らない。家ではうまく読めたのに，みんなの前で読むとなると緊張してしまって，うまくいかないこともあるだろう。その緊張感から，みんなの前で読むのが嫌になってしまう子も現れてしまうかもしれない。

　そんな緊張感もみんなで楽しんでしまおう。間違えたって，構わない。少し戻って次の人がフォローしてくれるだけ。もし，いつも間違えている子がノーミスでいったならば，みんなも喜んでくれることだろう。ノーミス音読でみんなに自信をあたえられる機会としたい。

応用！

■ スピードアップ

　ゆっくりゆっくり読んだならば，クリアできて当たり前。それを禁じ，ある程度の読む速度を設定しましょう。すごいスピードで，ノーミスで読めたなら，大きな拍手が生まれます。

■ 罰ゲーム

　失敗をしたり，ゲームで負けたりしたら罰ゲーム。よく行うことですね。罰ゲームを設定することで，スリル感も増し，より盛り上がります。本当に嫌になるような罰ゲームは避け，「先生を褒める」とか笑えるものにしましょう。

禁じ手

ミスが多すぎて，全く先へと進まないような難しい話では行わないように……

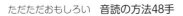

ただただおもしろい　音読の方法48手　25

早口音読

音読の方法 **6** 手目

こんな決まり手！

先生　「さあ，音読からはじめましょう！」
子ども「はーい」
先生　「なるべく速いスピードで読みますよ」
子ども「やった！」
先生　「全員立って読みます。読み終わった人から座ります。では，よーいドン！」

注意事項！

- いい加減な読み方になることが多いので，単元も進み，慣れてきてから行いましょう。

解説

　早口言葉は，アナウンサーや人前で話す仕事をされている方の練習方法として取り入れられる。高齢者の脳トレーニングにも活用されることもあるらしい。何より文字を間違えずに速く読むことはおもしろい。音読にも取り入れてみよう。

　少し長い文章を速く読むということは，読みながら文章を次々に目で追っていくことが求められる。早口言葉同様に，脳を活性化させる効果が様々なところで言われている。この手を用いて子どもたちとともに楽しみながら，どんどん脳を刺激したいものである。

　長い説明文を「何秒以内で読み終えられるようになったら合格！」などと指定することで，励みにもなるだろう。

応用！

■「ノーミス」と組み合わせて

　5手目の「ノーミス」音読と組み合わせてもおもしろい。すごいスピードで，ノーミスで読み切ったらヒーローになること間違いなし。社会の日本国憲法前文で行うのも盛り上がる。

■ スピードの指定

　スピードを3段階程度に設定する（適当でいい）。音読の最中に，「スピードアップ！」「ダウン！」などと指定する。急にスピードを変えられて読み続けるのはなかなか難しい。うまくいくと歓声があがる。

禁じ手
スピード重視で，一体何を言っているのかよくわからない読み方は認めてはいけない……

ただただおもしろい　音読の方法48手　　27

音読の方法 7 手目　音量調節音読

```
5　運動場全体に聞こえる声
4　教室みんなに聞こえる声
3　班の人に聞こえる声
2　隣の人に聞こえる声
1　独り言
0　心の中の声
```

次は3の声で！

こんな決まり手！

先生　「0から5までの声の音量覚えていますか」
子ども「1が独り言で，2が隣の人に聞こえる声で……」
先生　「そうそう，今日は指定された声の音量で音読するよ。できるかな」
子ども「できる！」
先生　「では，まず1の声からスタート！」

注意事項！

■ 声のボリュームということもあります。音量は各クラスであらかじめ設定しておきましょう。

解説

　声の大きさを調整して音読することは簡単なことではない。大きさを自在に使いこなし，場面に応じて読みわけられれば素晴らしいことだが，まずは，音量を指定して音読することからはじめてみよう。

　音量は，「0は心の中の声。1は独り言。2は隣の人に聞こえる声。3は班の人に聞こえる声。4は教室みんなに聞こえる声，5は運動場全体に聞こえる声」などクラスで設定しておく。

　とても静かな場面を大声で読んでみたり，楽しい場面を小さな声で読んでみたりすると，そのギャップからクスクス笑いも起こる。また，「5－3の声」「198－195の声」など計算を入れても楽しい。

　宿題で「今日は4の声で読んできましょう！」というのも使える。

応用！

■ グループで

　グループごとで行うのもおもしろい。全員が参加することができる。音量に合わせて，身体表現するのも楽しい。おもしろいポーズが出ると笑いに包まれる。

■ 突然変化

　音読の最中に「3！」などと音量を変更するのも楽しい。指で示すとあらかじめ伝えておけば，教師をチラチラみながら音読しはじめる。一斉音読の際，いつまでも気がつかずに一人だけ大きな声で読んでいると笑いが起こる。

禁じ手
ずっと0の声だとただシーンとしている教室になってしまうので注意されたし……

ただただおもしろい　音読の方法48手　29

音読の方法 8 手目
ロボット音読

参考:「じどう車くらべ」(光村図書)

こんな決まり手!

先生 「ソ・レ・デ・ハ・セ・ン・セ・イ・ノ・ア・ト・ニ・ツ・ヅ・イ・テ・ヨ・ム・ヨ」

子ども「え? へんなのー」

先生 「ト・ラッ・ク・ハ・ニ・モ・ツ・ヲ・ハ・コ・ブ・シ・ゴ・ト・ヲ・シ・テ・イ・マ・ス」

子ども「ト・ラッ・ク・ハ・ニ・モ・ツ・ヲ・ハ・コ・ブ・シ・ゴ・ト・ヲ・シ・テ・イ・マ・ス」

注意事項!

■ 喉元をたたきながら行って「宇宙人音読」としてもおもしろいでしょう。

解説

　情景をイメージして表現力豊かに音読する。普段なら，そんな読み方ができるとみんなから称賛されるであろう。ロボット読みとはその正反対の読み方をする。つまり心から感情を消し去り，機械的に音読するのである。感情を完全に消し去り，顔からも豊かな表情が完全に失われた時に，ロボット読みの極みに到達する。

　「つぶ読み」しかできない子どもも安心して参加できる。また，漢字の読み方を最初にしっかり確認したい時などにも有効である。

応用！

■ 二人組で

　1人はロボット音読，もう1人はロボットになってみよう。息を合わせて動いたり，口パクしたりできると盛り上がる。

■ 故障したロボット

　「トラッ・トラッ・トラッ……ク・ハ・ニモ・ニモ・ツ……」など，故障したロボットで音読してみる。突然速度が変わったり，音量が変わったりといろいろな故障のパターンが出てくるであろう。

■ エレクトリカルパレード

　ディズニーランドのエレクトリカルパレードの音楽をかけながら音読する。グループで一斉にするとただただおもしろい。

禁じ手
普段の生活の会話もロボットのようにならないように気をつけよう……

音読の方法 9 手目
ひと息音読

チリのイースター島は、

参考：「イースター島にはなぜ森がないのか」（鷲谷いづみ文）

こんな決まり手！

先生　「さあ，音読には体力も必要です!!?」
子ども「えー，いらないよー」
先生　「いまからひと息音読をします。途中で息継ぎをしてはいけませんよ。では，よーいスタート！」
子ども「チリのイースター島は首都サンディエゴから西に約3800キロメートルはなれた太平洋ににににに……」

注意事項！

■ スラスラ読めることと肺活量が勝負！ 教師の威厳を最後にみせつけましょう。

解説

　みなさんも，小さいころ，「あーーーー」といつまで伸ばせるのか，仲間とチャレンジしたことがあるのでは？　特に意味もないのにがんばり，終わった後「ぜえぜえ」言いながらも，顔を見合わせて笑顔になる。音読にも，こんな無駄なことを取り入れ，ただただ楽しんでみよう。

　しかし，全く意味がない訳でもない。ひと息でたくさん読むためには，先の文字をしっかり見ながら声に出していく必要がある。その力は，普段の音読にも通ずることである。

　修行のようにならず楽しい雰囲気でやってもらいたい。

応用!

■ リレー

　息継ぎするたびにバトンタッチしていく。グループでどこまで読み終えられたか競争するのも盛り上がる。

■ 運動しながら……

　さらにハードルをあげてみよう。空気イスをしながら，腹筋をしながら，スクワットをしながら……。体力の限界にチャレンジしてみよう。

■ 高低をつけて

　高い声，低い声などの条件をつけてやってみよう。限界に達した時，それぞれで独特の声が出て笑いが起こる。

禁じ手

がんばりすぎて，酸素不足で，倒れるものが
出るような事態は避けなければならない……

音読の方法 10 手目 バックミュージック音読

こんな決まり手！

先生　「(音楽をかけながら) この音楽を聴くとどんな感じがしますか？」
子ども　「かなしい感じ」「さみしい感じ」「ないてる感じ？」
先生　「そうだね。この音楽をかけながら次の場面を音読するよ。音楽にも合うような音読をしてみよう！」
子ども　「はーい！」

注意事項！

- 場面に応じた様々な音源を用意しておきましょう。喜怒哀楽が表せる曲を網羅できているといいですね。

解説

　画面に映るものに合わせて読まれるテレビなどのナレーション。その時に流れているそのバックミュージックが，絶妙にその場面の雰囲気を盛り上げる。それを音読にも活かしてみようという手である。

　普段は，シーンとした中で淡々と読み進められる音読に，バックミュージックをかけるだけで，ノリノリで読みはじめる。いろいろな曲で試してもらいたいが，説明文などで「地上の星」(作詞・作曲　中島みゆき，2000年)や物語における「言葉にできない」(作詞・作曲　小田和正，1981年)などは鉄板のバックミュージックである。ご活用いただきたい。

応用！

■ 突然ミュージック

　普通に音読をしていたと思ったら，突然音楽が流れ出す。音楽に合わせて，音読をしなくてはならない。いつ流れるかと思うとドキドキしておもしろい。

■ オリジナル選曲

　バックミュージックを子どもたちに考えさせてみる。グループで考えてもよい。自分たちの口で音楽を奏でだすとおもしろい。

■ 雰囲気不一致

　あえて場面と全然違う雰囲気の音楽をかけるのもおもしろい。楽しい場面で，悲しい雰囲気の音楽をかけるだけで笑いが起こる。

禁じ手

音量が大きすぎて，何を読んでいるのか全く
聞き取れない事態は避けるべし……

ただただおもしろい　音読の方法48手

音読の方法 11手目 ぴったり音読

こんな決まり手！

先生　「では，24ページを音読します。1分ぴったりで読みましょう」
子ども「ぴったり?!」
先生　「立って読み，終わったら静かに座ります」
子ども「はーい」
先生　「あとで一番近かった人を発表するからね。ではよーいスタート！」

注意事項！

- 時計は見えない位置にしておくか，向きを変えて音読しましょう。
- 時間が来ても，最後の人が座るまで正解は言いません。

解説

　子どもたちの大好きなゲーム形式。この「ぴったり音読」はなんの準備もせずに楽しむことができる。全員一斉に読ませて，あとでもっとも近い人を発表すると一気に盛り上がる。

　また，「明日ここまでを１分ぴったりで読んでもらうよ」などと予告しておけば，きっと家でも練習してくることであろう。普段は音読の宿題を出しても，やってこないような子も練習してくるに違いない。

　１人が読んで，みんなが時計を見ているというのもよい。もしピタリ賞が出た際には，クラスが大歓声に包まれる。

応用！

■ 時間設定

　長い文章を10秒で，逆に短い文章を３分でなど，あきらかに無理な時間設定にする。すごく早口で読んだり，すごくゆっくりで読んだりと盛り上がる。

■ ２人やグループ

　「。」で交代していきながら目標時間をめざす。最後は「クラスみんなで順番に読んで５分！」などと全員を巻き込むと必死になること間違いなし！

■ ご褒美

　一番近かった人には，次回時間をはかる権利を与えるなどのご褒美でさらにがんばること間違いなし！

禁じ手

設定が１時間後など，長すぎて眠ってしまいそうな設定は避けるべし……

ただただおもしろい　音読の方法48手　　37

（　）抜き音読

こんな決まり手！

先生　「では，音読します。段落ごとに交代です」
子ども「はーい」
先生　「ただし，『た』の音は声に出してはいけません」
子ども「かんたんだよ！」
先生　「もし声に出してしまったらそこでおしまいです！」

注意事項！

- いろいろな音を抜くことでより楽しく，集中して取り組むことができるでしょう。
- 全く出てこない音を設定しないようにしましょう。

解説

　学習も進み，音読を何度も繰り返しているうちにマンネリ化して飽きが出はじめてくることもある。そんな時にゲーム感覚で楽しみながらやってみると，授業に活気が出るだろう。

　子どもたちは，スラスラ読めるようになってくると，暗記している箇所もあり惰性で読むようになる。音読はあくまで目で文字を追って読むことを大切にしたい。この手では，声に出してはいけない音を設定することで，文字を目で追うことが必要となる。

応用！

■ 複数の文字を指定

　一音のみならず「た」と「か」といった複数の文字を指定するとレベルがあがる。また，思い切って「さ行」禁止などにするとさらにおもしろい。

■ ２人やグループで

　指定された抜く音が出てきたら交代していきながら読み進める。最後まで失敗せずに読めた時は大いに盛り上がる。

■ 音変化

　（　　）を抜くのではなく，他の音に変える。例えば「た」→「ぽ」にすると，「わたしたち」→「わぽしぽち」に。おもしろいが全く読み進められなくなるので，余裕のある時以外はやめた方がよい。

禁じ手

禁止音が20も30もあるようでは，全く読み進められないのでやめた方がよい……

ただただおもしろい　音読の方法48手　39

定番

ゲーム

演技派

邪道

交流

音読の方法 13 手目 動作指定音読

こんな決まり手！

先生 「では，みんなで合わせて音読します」
子ども「はーい」
先生 「今日は動きも合わせます！『ました』が出てきたらピョンと跳ねます！」
子ども「できるかなー」「よし，やるぞ！」
先生 「全員が合わせてできれば合格だよ！」

注意事項！

- 出てきすぎて動いてばかりのものや，全く出てこない言葉に動作を指定してしまわないようにしましょう。

解説

　こちらも，音読がマンネリ化した時や学習に「ダレ」が出てきた時にやってもらいたい手である。1つのことだけをしているとどうしても単調となり，作業化してしまう。これではつまらない。12手の音読にもう1つのタスクを課すことで，緊張感を生み出してみよう。

　12手目との違いは，動きを加えることにある。はじめはジャンプする。手を挙げるなど簡単な動きからはじめてみよう。慣れてきたら「アイ〜ンするよ」「シェーのポーズするよ」など動きを変化させることでさらにおもしろくなる。言葉とおもしろい動きを子どもに考えさせてもよいだろう。

応用！

■ 代表読み

　1人が代表で音読。それ以外の人たちは，動きのみ行う。失敗したらどんどん座っていき，最後まで残れたらチャンピオンにするなどゲーム形式にしてもおもしろい。

■ 複数の言葉＆動きを指定

　1つの言葉の指定のみならず，複数の言葉を指定する。さらには，言葉によって動きを変えるとさらに難易度が増す。

　例：「です」でガッツポーズ。「しかし」で1回転。など

禁じ手

動作が，倒立やバク転などの不可能な動き。投げる走るなどの激しい動きになりすぎないように……

ただただおもしろい　音読の方法48手

ウソつき音読

音読の方法 **14** 手目

こんな決まり手！

先生 「では、いまからウソつき音読します」
子ども 「はーい」
先生 「読む人はウソをついて読んでいいですからね」
子ども 「やったー！」
先生 「聞いている人はいくつウソが出てきたか数えながら聞きましょう。あとで正解を聞きますよ」

注意事項！

- はじめは先生がウソつき音読をして子どもたちに数えさせるようにし、慣れてから子どもたちが行うようにしましょう。

解説

　ウソをつくのはいけないことである。普段から我々は子どもたちにそう教えている。しかし，この手はそのウソを堂々とついてよいとする音読である。先生から認められてウソをつけるなんて，なんと楽しいことであろうか。

　「ある秋の夕暮れ→ある夏の夜明け」「失われた原因は→失われた要因は」といったものから，「おれ，とんでる→わたくし，とんでおりますわ」といった笑いが起こるものまで様々出てくるであろう。

　一見いい加減なことをしていると思うかもしれない。しかし，読む側も聞く側も原文をしっかり理解していないとこのウソはつけない。高度で，巧みなウソが出てきた時には大いに称賛してもらいたい。

応用！

■ **数指定**

　ウソの数を指定しておく。読み手は，限られた中で，どこでウソを入れるのか楽しみが増すであろう。

■ **聞き手側教科書なし**

　聞き手側は，教科書を見ずにウソを見抜くことにチャレンジする。普段よりしっかり音読を行い，内容を理解していないとウソを見抜くことはできない。

禁じ手

原型がなくなるぐらいウソが多すぎて，もうなんのことやらわからない状態は避けよう……

ただただおもしろい　音読の方法48手

音読の方法 **15** 手目

笑ってはいけない①音読

こんな決まり手！

先生　「では，いまから音読します」
子ども「はーい」
先生　「読む人は笑ってはいけませんよ」
子ども「そりゃそうだよ！」
先生　「簡単だよね。では，聞いている人は読んでいる人を笑わしてもよいですよ（先生が変な顔をしながら）」

注意事項！

- 音読が聞こえなくなるぐらいの声を出して，笑わせようとしてはいけません。身振り手振りや顔で笑わせます。

解説

　　笑ってはいけない。大晦日恒例の番組に使われるこのフレーズ。笑うとお尻を叩かれる。至って単純な仕組みが観ている人を惹きつける。音読にも思い切って取り入れてみる。

　　１人でみんなの前で音読することはなかなかの緊張状態である。この緊張と笑いという緩和のギャップがおもしろさを増してくれる。

　　笑ってはいけないと言われれば言われるほど，笑いたくなるのが人である。笑ってしまって失敗しても，誰も嫌な思いはしない。なぜなら笑っているのだから。どう転んでもただただ楽しい音読。是非，お試しあれ！

応用！

■ グループで笑ってはいけない

　グループ全員で前に出てきて音読する。１人でも笑ってしまったらアウトとなる。短い詩の暗唱などで行うと顔が前を向いているのでなおおもしろい。

■ 先生が笑ってはいけない

　時には，教師が読み手になってみよう。子どもたちは，先生を笑わせようといつもより力も入ることだろう。がんばってこらえて，いいタイミングで笑ってあげると大盛り上がり間違いなし！

禁じ手
笑わせたい一心で，わき腹や，わきをくすぐるといった実力行使は反則である……

ただただおもしろい　**音読の方法48手**

音読の方法 **16** 手目

笑ってはいけない②音読

参考:「イースター島にはなぜ森がないのか」(鷲谷いづみ文)

こんな決まり手!

先生　「では,先生がいまから音読します」
子ども「はーい」
先生　「聞いているみんなは決して笑ってはいけませんよ」
子ども「もちろんだよ」
先生　「ほんとうに大丈夫かな。じゃあ読むよ」
　　　(ひたすらおもしろい読み方の音読をする……)

注意事項!

■これまでの様々なただただおもしろい音読法を用いて,子どもたちを笑わせてみましょう。

解説

　15手目の読み手が笑ってはいけないとは反対に，今度は聞き手が笑ってはいけない手である。まずは先生がとびきりおもしろい音読で，みんなを笑わせてみよう。読みのアクセントを少し変えてみる。声色を変えてみる。わざと間違えて読む。おもしろい顔で読む……。いろいろな技を繰り出してみよう。

　子どもたちに「チャレンジしたい人？」と尋ねると，数人の子がチャレンジしてくれることだろう。もし，子どもたちが全く笑わず，いやな空気が流れたならば，先生が率先して笑って場を和まそう。

　そのうち，笑わせ名人が誕生することになるだろう。

応用！

■ 複数読みで

　1人ではなく，2人ないしグループで音読を行う。2人でポーズを決めたり，ボケとツッコミに分かれたり，1人が読んであとは劇化したりといろいろなバリエーションが考えられる。

■ 笑わなくてはいけない

　授業になると，よくしかめ面で聞いている子どもがいる。もっと楽しそうににこやかに授業を受けてもらいたいものである。逆に，「笑わなくてはいけない音読」としてみよう。とにかく笑うのである。「笑う門には福来る」きっと楽しくなってくるはずである。

禁じ手
やりすぎて，音読がはじまると条件反射的に笑いが起こる事態に陥ってはならない……

ただただおもしろい　音読の方法48手　47

音読の方法 17 手目 爆弾音読

こんな決まり手！

先生 「では、いまからグループで順番に音読します」
子ども「はーい」
先生 「『,』か『。』で交代です。ただし，最後のところを読んだ人が負けだよ！ どこで次の人にかわるかは自由です」
子ども「どこまで読んでもいいの？」
先生 「だめ。5つ目までの『,』『。』で交代しましょう」

注意事項！

■ 勝ち負けにこだわりすぎず，みんなで，楽しくゲーム感覚で取り組みましょう！

解説

　風船を手に持ち，音楽に合わせて次の人に回していく。またしりとりなど，お題の答えを言いながら，次の人に風船を手渡していく。風船がどんどん膨らんである人の前で破裂する。テレビなどでも見かける企画である。

　ハラハラドキドキするスリル感は，とても楽しいものである。音読の時間に，そんなスリル感を味わうことができたなら，音読もきっと楽しみになるだろう。

　前の人がどこで終わるかわからないので，人の音読をよく聞いておく必要も出てくる。

応用

■ 時間爆弾

　最後を読んだ人が負けではなく，ある一定の時間が経過した時に読んでいた人が負けとなる。先生が突然「ドーン！」と言うと大盛り上がり！

■ ひみつ爆弾

　あらかじめ，紙などにアウトとなる一文（部分）を記しておく。子どもたちは，どこがアウトに設定されているのかはわからない。すべてが読み終わった後に，もったいつけて発表すると歓声？　悲鳴？　があがることだろう。

禁じ手

「，」や「。」が数個しかない文章で行っても全くおもしろくないので避けるべし……

ただただおもしろい　音読の方法48手

音読の方法 **18** 手目

振りつけ音読

こんな決まり手！

先生　「78ページを音読します。振りつけをして音読しましょう」
子ども「えー？　どうやって？」
先生　「手足や全身を使って音読します。読んでいる間は一切動きを止めてはいけません。では，よーいスタート！」

注意事項！

- 物語だとまずはそのお話に合うように身振り，手振りを考えてみましょう。
- 説明文では，伝えたい思いを全力で表現させます。

[解説]

　音読もひとつの表現である。やはり表現することが苦手な子どもは，音読するのも身構えてしまうことが多い。みんなが自分の声を聞いている，間違えたらどうしようなどとその緊張感からマイナスのイメージが先行してしまうのであろう。

　そこで，音読に振りつけをすることで，音読への緊張から子どもたちを解き放つ。とにかく楽しく大げさに行う。多少間違えたって問題なし！　心を解き放って音読できればよしとされたし。

[応用！]

■ 採点化

　音読大会をひらく際，振りつけも点数化して加点したり，振りつけ部門を設けたりする。

■ 2人やグループで

　振りつけをかけ合いにしたり，合わせたりと様々な動きが出てくるだろう。おもしろいものは，クラスみんなでやってみると盛り上がること間違いなし！

■ 声を出さずに「振りつけ音読」

　無声映画のように，あとで聞いている人たちに，どこの場面（段落）を読んだか当ててもらい，正解してもらえたならばOK！

禁じ手
振りつけにより解き放たれすぎて，みんなが教室から飛び出していくような事態は避けなければならない……

定番　ゲーム　演技派　邪道　交流

ただただおもしろい　音読の方法48手

音読の方法 19 手目　全力音読

こんな決まり手！

先生　「いまから全力音読するぞ！」
子ども「え？」
先生　「気合が足らない！　全力音読するぞ！」
子ども「は，はい!!」
先生　「よし！　元気があれば何でもできる！　いくぞー！」

注意事項！

- 全力の捉え方もいろいろあるが，ここでは，とにかく気合の入っている音読を行います。もちろん教師も全力でいきましょう。

解説

　全力じゃんけんというものをご存知だろうか。とにかく全力でじゃんけんを行い，勝っても負けても感情をあらわに表現するじゃんけんである。ただのじゃんけんが勝敗を越えて盛り上がる。この全力を音読にも取り入れてみよう。

　どんな内容であろうと心情や情景などをひとまず無視して全力で読む。たとえすごく物静かな場面であっても。そのギャップがおもしろい。声が出ていない時や，授業の最初のウォーミングアップなどに活用されたし。

　「元気があれば何でもできる！」の掛け声ではじめてみよう。全力であればあるほど盛り上がる。

定番

ゲーム

演技派

応用！

■ 全力対決

　１VS１での対決形式で行う。勝負の決め手はどちらが全力かという１点のみ。見ている人たちの投票で勝敗を決定する。クラスを半分に分けての対決も盛り上がる。

邪道

■ 無気力音読

　全力をより際立たせるために，全力の正反対にあたる読み方をしてみる。無気力音読である。いかに無気力で読めるか。声の大きさ，抑揚，ハリから顔の表情まで，ある意味全力で無気力を表現する。

交流

禁じ手

全力を出しすぎて，後の授業に差し支えるような状況にまで追い込んではならない……

ただただおもしろい　音読の方法48手　　53

音読の方法 20 手目 お話音読

参考:「すがたをかえる大豆」(国分牧衛作)

こんな決まり手！

先生 「では，著者がみなさんに話しているように読んでください」
子ども「わたしたちの毎日の食事には，肉・やさいなど，さまざまな……」
先生 「ストップ！ それじゃあ読んでるだけ！ 話しているように！」
子ども「わたしたちのね，毎日の食事にはね，肉・やさいなど，さまざまなざいりょうが調理されて出てきているんですよ」
先生 「よし！ その調子！」

注意事項！

- 地方に応じた読み方をOKとしましょう。身振り手振りをつけて，話すのもいいですね。

解説

　書き言葉と話し言葉。教科書に書かれているのはほとんどが書き言葉である。その堅苦しさから、目にしただけで読みたくなくなる子もいるであろう。特に説明文では、その傾向も大きい。そこで、書き言葉を話し言葉にして読み、そのハードルを少しでも低くしてみよう。

　まずは、ニュースキャスター風に読んでみる。慣れてきたら大阪弁や東北弁など地元の言葉での読み方や各地の方言を想像して読んでみるのもおもしろい。多少の言葉を付け加えてもよいこととする。まるで普通に話しかけているように読むことをめざす。

　音読では正確さが求められるが、この手では細かいところにはこだわらず、おおまかな内容が捉えられればよい。

応用！

■ 合いの手を入れて

　お話するように読むからには、当然そのお話を聞く人がいなくてはならない。聞き手はうなずいたり、「へ〜」「なるほど」などの合いの手を入れたりしながらお話を聞く。

■ 教科書を見ずに

　いっそのこと教科書も見ないでやってみよう。聞いている人たちの方を見ながら、まるでお話をしているように。少し高いところに上がって、演説風に行ってもおもしろいだろう。

禁じ手

話し方があまりに上から目線で偉そうすぎるのは、ひんしゅくを買うので避けるべし……

ただただおもしろい　音読の方法48手　55

定番

ゲーム

演技派

邪道

交流

音読の方法 21 手目 なりきり音読

参考：「すがたをかえる大豆」（国分牧衛作）

こんな決まり手！

先生　「では，ある人になりきって話しているように読みますよ」
子ども「なにになりきるの？」
先生　「じゃあ〜今日は〜大阪のおばちゃん！」　子ども「え〜！」
先生　「〇〇さんやってみようか」
子ども「ちょっときいて〜わたしたちの毎日の食事にはなあ，肉・やさいなど，さまざまなざいりょうが調理されて出てきてるんやて，ほんまよ〜いわんわ」

注意事項！

- いろいろな人になりきってみましょう。〇〇を子どもたちから募集してもいいですね。

解説

なにかになりきって話すように読む。ニュースキャスター，政治家，いまどきの女子高生，幼稚園児，アンパンマン……おもしろい設定ほど盛り上がる。

なりきるためには，ある程度話の内容が頭に入っていないとできない。説明文の授業では，段落ごとの要点まとめや全文の要約などがよく行われる。残念ながら子どもたちからの人気が高い授業とは言えない。目的は文章の概略をつかむことである。20手目，21手目を活用することは，楽しんで文章のおおまかな内容をつかませることに寄与するであろう。

応用

■ ~な○○

少しお題を複雑にしてみる。例えば，「宝くじが当たって嬉しそうなおばあちゃん風に」「お腹がペコペコで倒れそうなドラえもん風に」などなりきる条件をつけることで，よりおもしろくなる。

■ ○○先生になりきって

子どもたちの身近な存在である先生。昔から先生のモノマネの得意な子どもは人気者であった。音読にも取り入れてみよう。担任になりきってもらうと，自分では気づかなかった意外な癖が見えるかもしれない。

禁じ手
「ふでばこになりきって」などどうやってなりきればいいかわからないものになる……

音読の方法 **22** 手目

腹話術音読

サア オンドクスルヨ！

こんな決まり手！

先生　人形の口を動かしながら「サア，オンドクスルヨ！」
子ども　「なにそれ〜」
先生　「先生が言っているんじゃないよ。ともだちのマー君だよ」
子ども　「え〜！　うそだー」
先生　「先生の代わりにマー君の声をしてくれる人いないかな？」
子ども　「はい！　はい！」

注意事項！

- 慣れてきたら，人形の操作も子どもたちにチャレンジさせてあげるのもいいですね。

58

解説

　人形の口をパクパクさせながら，自分の口は動かさずに話をする。子どもたちもテレビなどで一度は目にしたことがあるだろう。いわゆる腹話術。思い切って音読に取り入れてみる。テレビで見るような達人レベルは難しいが，ちょっとした雰囲気だけなら，練習すればできるようになる。教師も楽しんでやってもらいたい。

　「ぱぴぷぺぽ」の破裂音は難しいことに気づくなど，普通に読む際の口の動かし方にも目が向くことも期待したい。

　この手をマスターすれば，子どもたちを注意する時や次の指示をする時などにも応用できる。マスターして損はない。

応用！

■ 人形2体

　人形を2体用意しておく。2人に出てきてもらい，会話形式で腹話術音読する。物語文の会話部分だとなおおもしろい。

■ 衛星放送

　「あれ？　声が，遅れて……」でおなじみの方法。動かしている口の形と発声される音が異なるため，衛星放送のように時間差が生じる。意外とやってみるとできる。密かに鏡を見ながら練習してみよう。

禁じ手

あまりに上達してしまい，普段から話す際，誰も口を開かなくなってしまわぬように……

ただただおもしろい　音読の方法48手

音読の方法 **23** 手目

語尾しばり音読

こんな決まり手！

先生　「今日の音読は，語尾にすべて『ぴょん』とつけてみましょう」
子ども「え〜。なにそれ〜」
先生　「じゃあ先生がお手本を見せましょう」
子ども「やって〜」
先生　「わたしたちは，毎日の生活の中でたくさんのごみを出すぴょん」
子ども「おもしろ〜い，やってみたい！」

注意事項！

- どんな語尾をつけても楽しいです。日直や係に考えさせてもおもしろいですね。

解説

　様々な地域で微妙に異なる言葉、いわゆる方言。イントネーションが異なるもの、音自体が違うもの、語尾が違うものなど、その表現方法も様々である。

　ちょっと語尾を変化させる方法を音読にも取り入れてみよう。それだけで劇的に音読が楽しくなる。「ぴょん」「だべさ」「だぜ〜」「でござる」「ぜよ」「ずら」など、語尾しばりはいろいろな応用がきく。真面目な説明文やシリアスな場面の物語文などでは、そのギャップに笑いが起きる。中には、方言とは全く関係ないものもあるが気にしない！　いろいろな語尾を考えて、大いに笑ってもらいたい。

応用！

■ 語尾しばり会話

　「どうしたんだい。きみかなしそうでござるな」「うん、そうなんだべさ」
　といったように、二人組で違う語尾しばりで会話を行う。ただただおもしろい。

■ 語尾しりとり

　「どうしたんだい。きみかなしそうだねずみ」「うん、そうなんだちょう」
　全く意味のない語尾である。語尾に続けて違う言葉を言っていくだけである。頭の回転の速さがためされる。

禁じ手

「うん、そうなんだんだんだんだんダダンダダン」など元の言葉より長くなってしまうと訳がわからなくなるので気をつけよう……

音読の方法 **24** 手目

イングリッシュ音読

こんな決まり手！

先生　「今日の音読は，英語で読みましょう！」
子ども「えー!!　そんなの絶対むり！」
先生　「間違えた。英語風に読んでみましょう」
子ども「英語風？」
先生　「そう，英語風」
子ども「よし！　やってみよう！」

注意事項！

- あくまで英語「風」です。どうすれば英語風になるのか，考えながら行いましょう。

> **解説**
>
> 　お笑い芸人などが，普通の日本語をいろいろな国の言語風に読んで笑いを誘っていることがある。不思議なことに，それらしく聞こえる。そこにはやはりコツが存在するようである。
>
> 　英語風に聞こえるには，とりあえず「R」で思い切り舌を巻いてみよう。また単語と単語をつなげるのも有効である。「What time is it now?」（ホワット　タイム　イズ　イット　ナウ）を「ホッタイモイジクルナ？」と発音する感じである。
>
> 　しかし，そんなことはどうでもいい。あくまで○○風をみんなで存分に楽しんでもらいたい。

応用!

■ 英語相づち

聞いている側は，"I see."（なるほど），"Really?"（本当に？），"Me too."（私もそう思う）など，簡単な英語の相づちを打ちながら聞くようにする。ネイティブな雰囲気に包まれることだろう。

■ ○○語風

中国語風，ドイツ語風，フランス語風などいろいろな言語風にもチャレンジしてみよう。○○語と言えば誰々さん！　という名誉ある称号を与えられる子が登場することだろう。

> **禁じ手**
> ほんとうの日本語の発音を忘れてしまうほど，イングリッシュ音読にのめりこむのは避けたい……

ただただおもしろい　音読の方法48手

音読の方法 25 手目 さかさま音読

こんな決まり手！

先生　「では，今日も音読をはじめましょう」
子ども「はーい！」
先生　「では教科書を手に持って……，さかさまにしましょう」
子ども「えー!!」
先生　「いつものようにスラスラ読めるかな？」

注意事項！

- 何度か練習した後に行いましょう！　暗唱ではなく，文字をしっかり目で追うようにしましょう。

解説

「教科書をさかさまに持って読む?! なんとふざけたことだ!」とお思いの方もおられることだろう。しかし,いざやってみるとこれがなかなか楽しい。「そんなことしていいの?」と最初は戸惑っていた子どもたちも,喜んで音読しはじめる。やってはいけないことをやっているという背徳感も伴って,ただただおもしろい。

教科書をさかさまにしてもスラスラ読めると歓声が起こる。意外な子どもがヒーローになるチャンスも!

思い切って音読の宿題の条件にしてもよい。ただし,事前に保護者への説明がなければ,子どもたちが家で怒られることになりかねないので,注意されたし。

応用!

■ 音読大会

さかさま音読大会をひらく。いつもの大会と違って,ノーミス部門やスピード部門なども入れるといろいろな子どもに優勝のチャンスが訪れるだろう。

■ 振りつけ

3人ほど前に出し音読させる。1人だけさかさま音読をしている。みんなは目をつぶって聞き,誰がさかさま音読をしているのか当てる。みんなをだませた時は大いに盛り上がるだろう。

禁じ手

さかさまを元に戻そうと逆立ちして読もうとする根性は素晴らしいが,危険なので認めてはならない……

ただただおもしろい 音読の方法48手

音読の方法 26 手目 うろうろ音読

こんな決まり手！

先生　「では，うろうろ音読をはじめましょう」
子ども「うろうろ？」
先生　「教科書を手に持って……，うろうろしながら読みます。決して止まってはいけません」
子ども「動いていいの？　やったー!!」

注意事項！

■ 教室が整理整頓できていなかったり，机の横にいろいろなものがかかっていたりする教室では，ケガに十分に気をつけましょう。

解説

　教科書を片手に，子どもたちの机の間を歩きながら音読する。寝ている子の肩をポンポンと叩く……。テレビドラマにもよく出てくる光景ではないだろうか。

　音読は座って，もしくはその場で立ち上がってするものと子どもたちは思っているだろう。それをうろうろすることを許可するだけで，楽しい気持ちになれるものだ。まずは役者になれそうな子にやってもらおう。それだけで笑いが起こる。誰かの肩を叩いて，次にうろうろ音読を指名する権利を与えるのも喜ぶ。

　ドラマの先生になったつもりで，子どもたちに演じさせてあげよう。

応用！

■ うろうろタッチ音読

　ただうろうろするだけでなく，座って聞いている子やすれ違った子とタッチするという離れ技。さりげなくタッチできるとかっこいい！

■ うろうろ音読コンテスト

　気持ちや声を基準にした音読大会はよく行われる。しかしここでは，一切そんなことは審査されない。いかにうろうろする姿が美しいかを競う。モデル風に歩く子が出てくると歓声があがるだろう。

禁じ手

うろうろしながら，そのまま教室から出ていってしまうような事態は避けなければならない……

ただただおもしろい　音読の方法48手

音読の方法 27 手目
ローリング音読

こんな決まり手！

先生　「音読をはじめます。では○○さん」
子ども「（立ち上がって）知り合いのかりゅうどに……」
先生　「違います！　教科書をぐるぐるローリングさせながら読むんです」
子ども「は，はい。（教科書をぐるぐる回しながら）知り合いのかりゅうど……」
先生　「もっとはやくローリング！」
子どもたち「えー！」

注意事項！

- 教科書の回し方も，横回転，縦回転と考えられます。また読み手自身が回転するなどのおもしろい方法を考えてみましょう。

解説

　25手目「さかさま音読」の発展版である。同様に相当ふざけている。しかし，やっぱりおもしろい。スラスラと何事もなかったかのように読む者が現れるとローリング名人の名をほしいままにできる。途中で「逆回転！」「スピードアップ！」などのコールも盛り上がる。

　無理矢理，効果を付け加えるならば，動体視力の強化といったところだろうか。万が一，他教員や保護者に説明を求められたなら，思い切ってこう答えるのもよいだろう。しかし，基本は「ただただおもしろいだけ」ということは忘れてはならない。

　こちらも，思い切って音読の宿題の条件にしてもよい。ただし事前に保護者への説明は不可欠である。

応用！

■ 自分がローリング

　教科書をぐるぐる回すのが基本だが，慣れてきたら，今度は読み手自身がローリングしてみよう。回りすぎにはくれぐれも注意されたし。

■ ローリング・ローリング音読

　教科書をローリングさせながら，自分自身もローリング。深い意味は全くない。ただただおもしろい。

禁じ手

いくらローリングといっても，側方倒立回転をしながらの音読はしてはならない……

トレーニング音読

音読の方法 28 手目

こんな決まり手！

先生　「では，音読をはじめます。今日もしっかり鍛えましょう」
子ども「はい?!　鍛える？」
先生　「まずは腹筋をしながら！」
子ども「えー！（腹筋しながら）むかしむかし……」
先生　「次はスクワットしながら！」
子どもたち「おー！（スクワットしながら）」

注意事項！

- 1つの部位ばかり筋トレするのではなく，いろいろな部位をバランスよく鍛えましょう！

解説

　ここではトレーニングをしながら，音読をする。これだけで，単調な音読もただただ楽しくなるのではなかろうか，という単純な発想からスタートした音読である。

　全く関係のない２つのことを同時に行うわけである。いや関係がないというのは言いすぎだろうか。ボイストレーニングなどでは，腹筋しながら発声するといった練習も取り入れられている。そこまでストイックに行う必要はないが，いわゆる「お腹から声を出す」ということを感じることができるだろう。

　スクワットしながら，腕立てふせしながら，上体そらししながら……。いろいろ考えてもらいたい。

応用 !

■ サーキットトレーニング音読

　走ることと筋トレを組み合わせたトレーニングの応用である。１段落読むたびにトレーニングを行う。音読→腹筋→音読→スクワット→……。変化があることで飽きずに行えるだろう。

■ ロッキー音読

　トレーニング読みを終えたら，映画「ロッキー」のように「エイドリア〜ン！」（もしくは担任の名前？）を叫びながらガッツポーズをする。今の子どもたちにはなじみがないだろうが……。

禁じ手

クラス全員腹筋がバキバキに割れるまでやり続けるのはやりすぎである……

音読の方法 29 手目
ポーズ音読

こんな決まり手！

先生　「みなさん、とっておきのポーズを決めましょう！」
子ども「え？」
先生　「ハイポーズ！　では、そのままのポーズで音読です」
子ども「えー!!」

注意事項！

- はじめのうちは、教師がいろいろなポーズを指定してもいいですね。そのうち流行りのポーズができると、より盛り上がります。

解説

　まっすぐ背筋を伸ばして，よい姿勢で音読する。もちろん身につけてもらいたいことである。しかし，毎回その「正しさ」ばかりを追い求めていてはつまらない。たまには思いっ切りはめをはずして，楽しくいろいろなポーズで音読してみよう。

　両手をあげて万歳のポーズ，四つん這いで熊のポーズ，片足立ちのフラミンゴポーズ，流行りのお笑いタレントのポーズ……。いくらでも出てきそうである。子どもたちに考えさせても，きっとおもしろいだろう。ぜひみんなで楽しんでやってもらいたい。

　変なポーズで読むことの読みにくさに気づくことで，正しい姿勢で読むことのよさにも気づくことにつながることも期待する。

応用！

■ イナバウアー音読

　フィギュアスケートでおなじみのポーズではあるが，日常生活には行わないポーズ。この無理な姿勢で音読するだけで，ただただおもしろい。

■ くじ引きポーズ音読

　音読する前にくじを引く。サルにアザラシ，ばんざいなどくじにはいろいろなポーズが指定されている。普段のイメージとは全く違うポーズを引くと，大いに盛り上がるだろう。

禁じ手

「シェー」「ガチョ～ン」など現在では，理解されないようなポーズは避けた方がよい……

ただただおもしろい　音読の方法48手

ダンシング音読

音読の方法 30 手目

こんな決まり手！

先生　「ミュージックスタート！　さあ，ダンスするよ！」
子ども「イエーイ！」
先生　「教科書開いて！　リズムにのせて音読するよー！」
子どもたち「イエーイ！」
子ども「むか〜し，むかしあるところに♪イエイ♪」

注意事項！

■ まずは子どもたちに馴染みのある曲からはじめましょう。運動会などで演技した曲などはいいですね。

解説

　現代の子どもたちは、ひと昔前に比べて、リズム感がとてもよいと感じるのは私だけだろうか。流行りの音楽に合わせて、難しい振りつけのダンスを踊っているのを見ると感心させられる。男女関係なく、ダンスが好きな子も多い。

　そのダンスの力を借りて楽しく音読してしまおうというのが、この手である。ダンスとひと言で言っても、いろいろなジャンルがある。子どもたちになじみのヒップホップ、ペアで踊る社交ダンス、ハワイ伝統のフラダンス……。内容に合う音楽を選択するのもよいが、全く違う印象のものを選択するのもおもしろい。

応用！

■ ダンス対決音読

　ダンス対決というものがある。互いに向かい合って、自分のダンスをアピールし合うものである。これに音読までつけて対決してしまう。判定は聴衆である他の子どもたちの拍手で決まる。

■ 心情表現ダンス音読

　心情を身体表現する。悲しみ、怒り、喜び……。それぞれの場面に応じたダンスをしながら、音読する。読み手と踊り手にわけてもいいだろう。体育の学習にも通ずる。

禁じ手
ダンス指導に熱が入りすぎて、音読が全く行われないという事態に陥らぬように……

音読の方法 31 手目
ミュージカル音読

参考:「三年とうげ」(李錦玉作)

こんな決まり手!

先生　「さあ〜〜〜おんどく〜〜〜するよ〜〜〜♪♪」
子ども　「??」
先生　「きょ〜かしょ〜♪56ページ〜♪」
子どもたち「ミュージカルみたい！　やってみよう」
子ども　「あるところに三年とうげと〜よばれるとうげがあったのさ〜♪♪」

注意事項!

■ ミュージカルの雰囲気を芸術鑑賞会などで実際に観た後やビデオなどでつかんだ後にやってみましょう。

解説

　みなさんはミュージカルを観たことがおありだろうか。劇をしていたかと思えば、突然に歌いはじめる、踊りはじめる。独特な表現方法を有し、そこには非日常的な世界が広がる。これを音読にも取り入れてみる。

　突然「ミュージカル風に読んでみよう」というのは難しいだろう。まずは、教師が全身全霊でお手本を見せてみよう。その後は少し準備時間もとってあげたい。

　簡単に1人で行うことも可能だが、グループやクラス全体で行う方が盛り上がる。1つの場面、もしくは1つの物語をみんなでつくりあげる楽しさは大きい。

応用！

■ ミュージカル風選手権

　どこか一文を決める。そこを誰が一番ミュージカル風に音読できるかを競う。あくまで「風」である。裏声を駆使して絶唱する子どもが現れると拍手喝采が起こるであろう。

■ ミュージカル音読発表会

　1つのお話を丸ごとミュージカル風に仕立ててみよう。場面に応じて、後ろにダンサーが加わってもよいだろう。授業参観や文化祭行事などで披露することもできる。

禁じ手

誰が主役を演じるかなど配役を巡り、熾烈な争いがくりひろげられるような事態は避けたい……

ただただおもしろい　音読の方法48手　77

音読の方法 32 手目 そろえて音読

参考:「動物の体と気候」(増井光子文)

こんな決まり手!

先生 「さあ,隣の人と2人で力を合わせて音読します」
子ども「はーい」
先生 「2人の声をぴったり合わせて読めれば合格です。途中で詰まったり,ずれたりしたら最初に戻ります」
子ども「えー!」
先生 「最後まで読み終わったら座ります。よーいドン!」

注意事項!

- 判定は自分たちでします。互いに聞こえる声で読みましょう。
- 「,」や「。」の間にも気をつけて読みましょう。

解説

　ここから紹介する音読は，仲間と共に交流しながら行う音読である。1人ではつまらないことでも，2人だと楽しい。みんなだともっと楽しい，ということがあるはずである。うまくいったら，仲間とハイタッチで喜び合える，そんな雰囲気をつくりたいものである。

　この手は，ただそろえることをめざす。目標が明確である。しかし，1人では好きに読めても，そろえるためには，速さや強さ，間など相手との共通確認が必要になる。読む前に交流する時間を確保されたし。

応用 !

■ 動きもそろえて

　「。」でガッツポーズなど，動きもそろえる条件にするとさらにおもしろい。

■ 条件づけ

　これまで行ってきた「ひと息音読（9手目）」「（　　　）抜き音読（12手目）」「腹話術音読（22手目）」など，条件をつけてチャレンジさせるのもおもしろい！人数を増やしていくのも難易度があがって盛り上がる。

■ 組み合わせ

　「いつも仲良しの○○さんと△△さん！　友情パワーを見せて！」といきなりチャレンジさせるのもよい。逆に，いつもケンカばかりしている2人にチャレンジさせるのも盛り上がる。

禁じ手

あまりにそろわなくて，最後はケンカになるような事態は避けなければならない……

定番

ゲーム

演技派

邪道

交流

音読の方法 33 手目 ともだちまねっこ音読

参考:「動物の体と気候」(増井光子文)

こんな決まり手!

先生 「さあ,2人組でまねっこ音読します。1人が先に読み,もう1人は追いかけて読みましょう。では,そこのペアお願いします」
子どもA 「地球上には,暑くて……」
子どもB 「地球上には,暑くて……」
先生 「だめ! 声の大きさも速さももっともっとまねて読みます!」

注意事項!

■ どちらの人も先読みできるように交代で行いましょう。じゃんけんで順番を決めるのもいいですね。

解説

　2手目の「先生まねっこ音読」の発展版。ここでは，仲間の音読をまねる。最初は普通に追い読みレベルでよいだろう。慣れてきたら，2手目で教師が行ったように独特のイントネーションや声色などもまねっこさせるようにしてみよう。

　先行する側が，いかにおもしろく読むかが重要となる。先生まねっこ音読でいろいろなパターンを提示しておき，バリエーションを増やしておこう。

　また，先読みする側が，句読点のみで区切るのではなく，文の途中で突然切ったり，すごく長く読んだりするのもおもしろい。

応用 ！

■ 後読み暗唱音読

　音読みする側は教科書を持たない。先読みする側が読んだものをしっかり聞き，そのまま読む。いじわるして，相当長く区切られると難易度はあがるが，完璧に読み切ると拍手喝采である。

■ 1対多

　1人が先読みの役割を行う。それに続いて，他の人が後読みをする。グループで行っても，クラスみんなで行ってもよい。おもしろい読み方をする人が先読みをすると盛り上がる。また，ポーズ音読までまねするとなるとさらにおもしろい。

禁じ手

服装や髪型までまねようとしはじめたら，止めたほうがよい……

定番

ゲーム

演技派

邪道

交流

ただただおもしろい　音読の方法48手　　81

音読の方法 34 手目 会話音読

参考：「大造じいさんとガン」（椋鳩十作）

こんな決まり手！

先生　「さあ，二人組で会話音読します。2人でお話しているように読みますよ。では，そこのペアお願いします」

子どもA　「今年もね，残雪は，ガンの群れを率いて，沼地にやってきたんだって」

子どもB　「らしいね。残雪っていうのは一羽のガンにつけられた名前なんだよね」

注意事項！

- 「。」ごとに交代します。前の人の言葉を受けて，まるで会話しているように読みましょう。

解説

　20手目の「お話音読」の発展版と言ってもよいだろう。音読する際は，当然文字を追って，その文字を音声として発する。しかし，文字を追うことに必死になるあまり，内容が全く入っていかない子どももいることだろう。

　この「会話音読」は，1人で行うのではなく，2人で行う。会話にするためには，相手が言ったことに対して，自分が伝える内容がうまくつながるように話す必要がある。逆に言うと，一言一句正確に読むことができなくても，おおまかな内容が理解できていれば，会話が成り立つ。安心して，楽しく取り組むことができるだろう。

応用！

■ 教科書を見ずに

　20手の応用と同様に，教科書を見ないでやってみよう。2人（複数）で互いに見合いながら，まるで会話をしているように行ってみよう。

■ ちゃちゃいれ

　「会話音読」している2人にちゃちゃをいれる。「うそー！　ほんとに？」「そんなことある？」「え？　いつの話？」など少し会話の邪魔をしたり，中断させたりする。慣れてきたらこの「ちゃちゃいれ役」を他の子どもに任せてもおもしろい。

禁じ手

会話が弾みすぎて，全く関係のないただのしゃべりにならないように……

ただただおもしろい　音読の方法48手

音読の方法 35 手目

にらめっこ音読

参考:「大造じいさんとガン」(椋鳩十作)

こんな決まり手！

先生 「さあ，二人組で音読します。お互いの顔を見て，にらめっこしながら音読しますよ。笑った方が負けです！」

子どもAB （おもしろい顔をしながら）「今年も，残雪は，ガンの群れを率いて，沼地にやってきた」

子どもB 「はははは！」

先生 「Bさんの負けー！」

注意事項！

- 読むのに夢中だと顔を見合えないので，「。」ごとに交代して読ませてもよいでしょう。

解説

　誰もが一度は経験したことのあるにらめっこ。思い切って音読に取り入れてみる。文字ばかりを追っていては，なかなかおもしろい顔もできない。ある程度，読めるようになってから行うと，マンネリも打破できる。

　文章の内容に合った顔を大げさにするのもおもしろい。文章の内容とは正反対の顔をするのもおもしろい。達人になると，黒目を寄せたり，くるくるさせながら読むこともできる。

　まずは，教師がとっておきのおもしろい顔を披露してもらいたい。真面目な顔から，読みはじめた瞬間に思い切り顔を崩すというギャップを利用することがコツである。

応用

■ 1 VS 多にらめっこ

　代表で1人の子どもが前でおもしろい顔をしながら音読する。クラスのみんなはそれを見ている。何人の仲間を笑わすことができたかを競い合う。クラスみんなを笑わせることができればチャンピオン！

■ チーム戦

　チーム VS チームで行う。1人が読んでみんながおもしろい顔をするのもよし。それぞれ別の顔をするのもよし。いろいろな戦術が出てくるであろう。

禁じ手

勝ちたいあまりに，顔にマジックでひげを書いたり，眉毛をつなげたりするのはやりすぎである……

ただただおもしろい　音読の方法48手

音読の方法 36 手目 じゃんけん音読

こんな決まり手！

先生 「さあ，二人組でじゃんけん音読します。じゃんけんをして勝った方が読みますよ」
子どもたち「やったー！」
先生 「『。』がくるたびにじゃんけんします。でははじめましょう！」
子どもたち「じゃんけーん，ぽん!!」
　　　「やったー！」「あちゃー！」

注意事項！

- じゃんけんに一喜一憂するあまり，うるさくなりすぎないようにしましょう。

解説

　これこそ誰もが経験したことがある「じゃんけん」。グー，チョキ，パーに願いをこめて，運命を託す。勝ち，負け，引き分けが瞬時に決定される。こんな単純かつ明快なゲームは他にはなかなか思いつかない。子どもたちもそんなじゃんけんが大好きである。このじゃんけんを音読にも取り入れてみる。

　勝ったものだけが読むことができる，というのが基本のルール。極めてシンプルである。負けた方が読まなくてはならないというルールも考えられるが，音読が罰ゲームのようになるため避けたいところ。

　このじゃんけん音読で，どの子も楽しく参加できる音読にしていただきたい。

応用！

■ 1VS多じゃんけん

　先生対みんなでじゃんけんをする。勝った子だけ読める。チャンピオンが決まるまで，じゃんけんをし続ける，などいろいろ工夫はできそうである。

■ 身体じゃんけん

　全身を使ったじゃんけん。体育などで行ったことがあるだろう。さらに盛り上がるが，ケガには注意してもらいたい。

禁じ手
じゃんけんが弱すぎるあまり，一度も読むことができないといった場合は配慮が必要……

ただただおもしろい　音読の方法48手

音読の方法 **37** 手目

ウエーブ音読

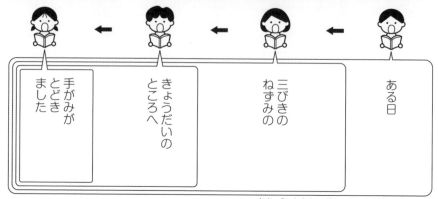

参考:「おとうとねずみ　チロ」(もりやまみやこ文)

こんな決まり手！

先生　「では，グループで音読をします。ウエーブ音読をします」
子どもたち「えー？　なにそれ？」
先生　「『。』がくるたびに，どんどん読む人数を増やしていきます。どんどん声もウエーブのように大きくなっていくはずだね」
子どもたち「よし！　じゃあ順番を決めよう」

注意事項！

- 声の大きさを変えるのではなく，読む人数によって，大きくなることを感じさせます。

解説

　スポーツやコンサートの会場で，行われることのあるウエーブ。まさに，波のようにどんどん人が立ち上がっていく様はとても迫力がある。そのウエーブの一員として参加していると，何とも言えない一体感に包まれる。この迫力と一体感を音読にも取り入れてみよう。

　最初は，「。」ごとに1人，2人と人数を増やしていくことからはじめる。なれてきたら，1人ずつ増やして，1人ずつ減らしてを繰り返し，ウエーブを何度も作ることもできるだろう。上達すると「，」で，人数を変えることもできる。

　自分が入るタイミングを逸さないために，仲間の音読をよく聞いておくことが自然と必要となることもこの手のよさである。

応用！

■ 身体活動

　読む番になったら，実際にスポーツ会場のようにウエーブを起こしてみよう。ウエーブの起こし方を考えるのも楽しい。盛り上がること間違いなし！

■ ゲーム化

　次に誰が読むのかをあらかじめ決めておかない。気配を感じて，参加していく。うまく1人ずつ増えていくこと（減っていくこと）ができたならば，成功となる。ハラハラドキドキ！　成功したら拍手が起こる。

禁じ手

全く音読せず，みんながつくったウエーブの上をサーフィンする（走り回る）だけは許してはならない……

音読の方法 38 手目 リレー音読

参考：「すがたをかえる大豆」（国分牧衛作）

こんな決まり手！

先生　「では，いまからリレーをします！」
子どもたち「やったー！　グラウンドにいこう！」
先生　「グラウンドではなくここでしますよ。音読でリレーです！」
子どもたち「えー?!」
先生　「さあ，バトンを落とさないように?!　音読しましょう！」

注意事項！

- 間をあけることなく，スムーズに読めたら，バトンパス成功！　褒めてあげましょう！

解説

　子どもたちはリレーが大好きである。そのおもしろさは，みんなでバトン（もしくはタッチ）をつなぐこと，勝敗や記録に挑戦できることにあるだろう。そのおもしろさを音読に活用してみよう。

　リレーでは，50mの2人の合計タイムよりも50m×2のリレーの方がタイムはあがる。リレーで最も重要なのは，走者間のバトンパスである。2人の息を合わせて，いかにスムーズにバトンをつなぐかに挑戦課題がある。

　リレー音読でも，いわゆる「。」読みのように，交代で読むのではない。スムーズに交代するために，次の読み手は，前の読み手の終わりかけの部分から重ねて読みはじめる。音読でも，2人でバラバラに読むより，2人でリレー読みした方が，うまくなることをめざしたい。

応用！

■ 走って音読 ?!

　実際に走ってリレーしてみよう。教室を一周している間に音読をして，次の走者につなぐ。激しく走りすぎて，ケガしないように十分注意してもらいたい。

■ ゲーム化

　どこのチームが一番スムーズか。早く読めたか。○秒ぴったりで読めたか……。いろいろゲーム化してみよう。

> **禁じ手**
> 一文字ずつリレーは，あまりに時間がかかる上に，リレーが成立しないのでやめた方がよい……

ただただおもしろい　音読の方法48手

指名音読

こんな決まり手！

先生　　　「では，グループで音読をします」
子どもたち「はーい」
先生　　　「『。』で交代です。次に読む人は，いま読んでいる人がウインクで指名します」
子どもたち「ウインク？」
先生　　　「そう，ウインク！　よく見ておかないと誰にウインクするかわからないよ」

注意事項！

- 同じ人ばかりが指名されないように，みんなに均等に回るようにしましょう。

解説

　指名するのは，なにも教師だけの特権ではない。思い切って，指名する権利を子どもに預けてみよう。次の子を指名したくて，音読をがんばる意欲につながることも期待できるだろう。

　読み終わった後，「次，○○さん」と普通に指名してもおもしろいが，いろいろな指名方法で，さらにただただおもしろくしてみよう。次の人をウインクで指名する，フェイントをかけて指名する，紙飛行機を飛ばしてみる……。きっとただの音読でも，笑顔が広がることだろう。魅力的な指名方法を採用してみよう。

　指名の方法は，既刊『ただただおもしろい指名の方法48手』を参考にされたし。

応用！

■ いつでもどこでも指名

　定番は，「。」や段落で交代して，次の人を指名していく。さらにレベルをあげてみる。どこで，次の人を指名してもよいこととする。油断できないため，集中して読み手に注目することだろう。

■ 鉛筆倒し指名

　読み終わったら鉛筆を倒す。鉛筆が指し示す人が次の読み手となる。鉛筆のみが運命を知る。

禁じ手

指名してほしさに，読み手ににらみをきかせるようなことはしてはならない……

サークル音読

こんな決まり手！

先生　「では，グループで円の形になりましょう」
子どもたち「はーい」
先生　「右回りに『。』で交代して音読します。ただし，いろんなコールがあります」
子どもたち「どんな？」
先生　「スキップで1人飛ばす。ターンで反対回りになる。できるかな」

注意事項！

- みんなで楽しく音読しましょう。いろいろなコールを考えてみるのもいいですね。

解説

　昔から，ハンカチ落とし，かごめかごめなど円になって遊ぶものは多く存在する。円になると互いに顔がよく見える。子どもたちが円になり，にこにこしている様は，見ているだけで心があたたかくなる。普段真剣な顔をして取り組んでいる音読でも，そんな微笑ましい光景をつくりあげてみよう。

　円になって音読し合うだけでもよい雰囲気になるが，ひと工夫加えて，より楽しくしてみる。コールを決めて順番を変えることができるハンカチ落としのように，ハンカチを落とされた人が音読をするなど，発想力豊かに，楽しくなりそうなことをどんどん取り入れてみよう。

応用！

■ 読み方指定

　次の人に読んでもらいたい方法を指定する。「怖い声で読みましょう」「すごい笑顔で読みましょう」「ジャンプしながら読みましょう」。いろいろ楽しい指定が出そうである。

■ 新コール

　ジャンプ→二人飛ばし　ステイ→自分でもう1回　チョイス→指さし指名，などオリジナルの新コールを入れる。子どもたちに考えさせてもおもしろい。そのうちマイクラスルールができるだろう。

禁じ手
サークルと言いつつ，2人しかいないようでは全く盛り上がらないのでやめた方がよい……

定番

ゲーム

演技派

邪道

交流

ただただおもしろい　音読の方法48手　　95

音読の方法 41 手目 やまびこ音読

こんな決まり手！

先生　　　「では，やまびこ音読をはじめます」
子どもたち「なにそれ??」
先生　　　「やまびこって知っているかな。グループの1人が音読するから，あとの人はやまびこの役をするんだよ」
子どもたち「できるかなあ」
先生　　　「さあ，どのグループのやまびこが一番きれいに響くかな」

注意事項！

- やまびこを聞いたことがない子には，どんな音がするのか映像などで見せてあげましょう。

解説

　山で「ヤッホー！」と大きな声を出すと，反響して少し遅れて声が返ってくる。やまびこやこだまなどと言われる。知ってはいても，実際に経験したことがある人はどれぐらいいるだろうか。ちなみにやまびこは「山彦」と書き，山の神（精霊）の声だと言われている。こだまは「木霊」と書き，樹木に宿る神（精霊）の声だと言われている。いずれにせよ，やまびこはありがたいものとして昔々より親しまれてきた。

　このやまびこの現象を音読で表現してみるのがこの手である。2手目の「先生まねっこ音読」とは異なり，そのまままねをするのではない。やまびこのような響きを醸し出すのである。美しい声を響かせる練習にはもってこいである。

応用 !

■ 間違いやまびこ

　本来は，同じ言葉を響かせるのがやまびこである。しかし，あえて間違ったことや全然反対のことをやまびこが言うと笑いが起こる。

■ みんなでやまびこ

　先生もしくは，代表者1人のみが音読を行い，あとはみんなやまびこ役となる。いかに音読者を際立たせるやまびこができるかが勝負。バシッと決まったら，美しい声が教室に響き渡るであろう。

禁じ手

やまびこが上達しすぎて，ほんとうの精霊がやってくるような事態にはならぬように……

定番

ゲーム

演技派

邪道

交流

ただただおもしろい　音読の方法48手　　97

音読の方法 42 手目 列交代音読

こんな決まり手！

先生 「では，いまから音読をしましょう」
子どもたち「はーい」
先生 「列ごとに声を合わせて読むからね。しっかり合わせられるかな」
子どもたち「できるー！」
先生 「じゃあ，交代で読んでいくからね。どの列が一番上手かな。先生もしっかり聞いているからね」

注意事項！

- 列が読み終わるたびに，「オッケー！」「いいね！」「まだまだ」など評価の声掛けも忘れずに！

解説

　ここからはクラス全体で，一斉音読をする方法を紹介していく。

　１人で音読するのとは違い，みんなで音読する分，緊張や不安は軽減されるだろう。学年スタート時や少し音読が苦手な子どもが多いクラスでは大いに取り入れてもらいたい。

　まずは，クラス全員でおなじところを一斉に音読することからはじめてみよう。その後徐々に人数を減らしてみる。教室での机の並びは，大体横８列，縦４〜５人ぐらいといったところだろうか。この列を利用すると人数を減らして読ませることが容易となる。

　また，クラスの班や係，当番などのグループで読ませていくのもおもしろい。

応用！

■ ポーズをつけて

　音読すべき班が立ち上がって声を合わせて読む。これが基本である。さらに一体感をもたせるために，読む際のポーズまで決めさせる。おもしろいポーズほど盛り上がる！

■ ○○交代

　「次，朝食，パン派の人！」「次，猫と犬，猫派の人！」「次，阪神ファンの人！」など，音読できる人の条件をどんどん変えていく。最後は，「先生のこと大好きな人！」でキメル！

> **禁じ手**
> 「では，この列から」と言いつつ，教室に列が一列しかない……

定番

ゲーム

演技派

邪道

交流

ただただおもしろい　音読の方法48手　　99

役割音読

参考:「お手紙」(アーノルド=ローベル作/みきたく訳)

こんな決まり手!

先生 「では,『お手紙』を読みますよ」
子どもたち 「はーい」
先生 「かえるくん,がまくん,地の文のどこかを選んで読みましょう」
子どもたち 「どれにしようかなー」
先生 「じゃあ,読んでいくからね。自分の役割になったら,しっかり立って読みましょう」

注意事項!

- 無理に人数を均等にわけるのではなく,好きな役割を選んで読めるようにしましょう。

解説

　ただ声に出して読むというのではなく，そこに文章内における役割がついてくると俄然やる気もアップする。さらに好きなところを選んでよいとすると，きっと自分のお気に入りの部分や登場人物を選択することだろう。

　また，数人で役割分担するのでなく，クラス全体で役割をわける。誰がどれを選択したのかはわからない。ひょっとしたら自分1人かもしれないと考えるとドキドキ感も増す。少ない人数でも，立派に読み切った後は，大いに褒めたたえてもらいたい。

応用！

■ 勝敗

　一番人気のある役割を選んだ人たちの勝ち。一番少ない人数の役割を選んだ人たちの勝ち，など勝敗を決めることで盛り上がる。読む役割になった時に立ち上がるとしていれば，結果は一目瞭然である。

■ ○○な〜

　説明文などで役割の設定がない場合は，無理やり役割をつくってしまう。段落ごとに「あわてんぼうのおばあちゃん」「関西弁の小学生」など設定して選択させるとおもしろい。

禁じ手

あきらかに，役割ごとの文量に差がある場合は，人気が偏るので避けたいところである……

ただただおもしろい　音読の方法48手　101

音読の方法 44 手目

好きなところ音読

こんな決まり手！

先生　「では，音読はじめます」
子どもたち「はーい」
先生　「18段落まであるので，好きなところをひとつだけ選びましょう」
子どもたち「どれにしようかなー」
先生　「じゃあ，読んでいくからね。自分の決めた段落になったら，立って読みましょう」

注意事項！

- 無理に人数を均等にわけるのではなく，好きな段落を選んで読めるようにしましょう。

解説

　43手目の役割を選択するのとは異なり，説明文などで好きなところは何を基準に選ぶだろう。なるべく長いところ，短いところ，好きなフレーズのあるところ……。選び方にも個性が現れる。

　そこに少しゲーム性を入れるとただただおもしろくなる。ゲームは，みんなで力を合わせてクリアできるものと誰かチャンピンを決めるものと大きくわけると二通りの方法がある。クラスの雰囲気に応じて選択してもらいたい。しかし，学年当初は，前者で大いに一体感を演出することをおすすめする。

応用 !

■ 最後まで

　みんなが好きなところを読んでいくと当然偏りも起こる。そこで，最後まで途切れずに読み通すことができれば，みんなの勝ちとする。みんなが避けそうなところにまわる子なども現れ，最後までたどり着いた際には拍手喝采となる。

■ 1人ぼっち勝ち

　みんなとかぶらずに，自分1人だけが立ち上がり，読むことができたら勝者となる。席の隣人同士で二人組として，あらかじめ相談して段落を決めておき，2人だけになれたら勝者とすると，連帯感も生まれる上に，みんなの動きを見てから立つという不正もできなくなる。

禁じ手

選ぶ選択肢が2つしかないとなると，全く盛り上がらない……

定番

ゲーム

演技派

邪道

交流

ただただおもしろい　音読の方法48手　　103

音読の方法 45 手目

合いの手音読

参考：「すがたをかえる大豆」（国分牧衛作）

こんな決まり手！

先生 「いまから○○さんが音読をしますよ。みなさん合いの手を入れて盛り上げましょう！」

子どもたち 「はーい」

○○さん 「わたしたちの毎日の食事には，肉・やさいなど，さまざまなざいりょうが調理されて出てきます」

子どもたち 「よっ！ いいこえ！」「どうなるの!?」「もっときかせて！」

注意事項！

- マイナスの合いの手ではなく，プラスの合いの手をかけられるようにしましょう。

解説

　合いの手とは、間の手とも書き、歌などの間に合わせてはさむ掛け声や手拍子、話の間にはさむ言葉などを指して言う。

　当然、合いの手を入れる際は、相手の状況や意図することを感じることが必要となる。適当に「はいはい」と言ったり、「うん」とうなずいたりするだけでは、相手によい印象ももたれない。いわば、コミュニケーションの基本とも言えよう。

　コミュニケーションをとるのが苦手な子どもが増えている。こういった普段の授業から、相手に対して積極的に声をかけられる場面を増やしていくことが肝要である。

応用！

■ 言葉しばり

　合いの手を入れてよい言葉を限定する。例えば「素晴らしい！」「GOOD job！」など。同じ言葉だけど、その言い方を工夫するのがおもしろい。

■ 順番合いの手

　合いの手を入れる順番を決めておく。前の人が言ったらすかさず入れるようにする。ぱっと言葉が出てこなかったらアウトとするなど、ルールを決めることで、ゲーム感覚で楽しめる。

禁じ手

「よっ！　なりたや！」など、合いの手がどんどん凝りはじめるのは避けたい……

音読の方法 46 手目 お散歩音読

こんな決まり手！

先生　「では，お散歩音読をはじめましょう」
子ども「やったー！」
先生　「では教科書を手に持って……，お散歩しながら読みますよ。決して止まってはいけませんよ。さあ，お散歩に出かけよう！」
子ども「はーい！」

注意事項！

- 整理整頓をしっかりしておきましょう。ケガに十分に気をつけましょう。

解説

　26手の「うろうろ音読」の発展版。みんなが教科書を片手に，机の間をお散歩しながら音読しはじめる。その様は爽快である。

　周りの人やものに注意して歩きながら，さらに音読するのは，かなり難しい。あちこちでぶつかりそうになる。しかし，これがまたただただ楽しい。

　是非先生もいっしょに楽しみながらやっていただきたい。最初は先生の後ろについてぞろぞろ歩きながら読むのもおもしろい。グループごとにリーダーを先頭に歩くのもいいだろう。さらには，じゃんけん列車のように，先頭同士がじゃんけんして，負ければ後ろにつくのも盛り上がる。

応用！

■ ハイタッチ！

　お散歩音読しながら，すれ違う人とハイタッチ！　お互いに音読を続けながら，さりげなくタッチできるとかっこいい！

■ 教科書交換

　すれ違う人と教科書を何気なく交換する。交換し続けて，最後に自分の教科書が戻ってきていたら，幸せいっぱいな気持ちになれる。教科書忘れを減らすことにも寄与するかも⁈

禁じ手
お散歩だと言って，ドアや窓から出ていってしまうような事態は避けたい……

ただただおもしろい　音読の方法48手

音読の方法 47 手目

アイドル音読

こんな決まり手！

先生　「では，アイドル音読はじめるよ！　今日のアイドルは誰？」
子どもたち「はい！」「やりたい！」
先生　「今日のアイドルは……，○○さん!!　みんなは○○さんの大ファンだよ！　応援がんばってね！」
子どもたち「はーい」

注意事項！

- どの子もアイドルになれるチャンスが回るように，指名していきましょう！

解説

　みなさんは，好きなアイドルはいるだろうか。もしくはいただろうか。いまも昔も，みんなが憧れるようなアイドルが存在する。周りにはたくさんのファンが存在し，そのファンの存在により，アイドルはますます輝きを増す。

　そんなアイドルになってみようというのが，この「アイドル音読」である。読み手以外は，熱烈なファンになってもらう。どんな読み方であっても，ファンはあたたかい声援を送ってくれる。声援ににかみながらも，期待に応えようと音読をがんばる。

　きっとその声援に応えようとする姿が，輝きにつながるのであろう。みんなが輝ける学級をめざしたいものである。

応用！

■ アイドルグループ

　1人で読むのではなく，2人以上でペアやグループを作って音読する。息の合った振りつけや，上手な掛け合いなどが飛び出すと，アイドルグループ誕生となるだろう。

■ 小道具

　アイドルのコンサートでよく見かけるうちわやメガホン。クラスに常に用意しておく。アイドルを応援するのにも，きっと力が入ることだろう。また，他のいろいろな場面で使える。

禁じ手
人気が出すぎて，グッズ販売が横行するような事態は避けなければならない……

ただただおもしろい　音読の方法48手　　109

音読の方法 48 手目
全員ノーミス音読

こんな決まり手!

先生 「では,『。』ごとに順に読んでいきます。ただし,誰かが間違えたり,つまったりしたらアウトです。次の人は,また最初に戻って読み直しますよ」
子ども「えー,最初から!!?」
先生 「そうだよ,みんなの力で,最後までいこう!」
子ども「がんばるぞー!」

注意事項!

- 間違った人が責められるような雰囲気にはならないようにしましょう。

解説

　いよいよ最後の48手目である。5手目の「ノーミス音読」の発展版。全員ノーミスにチャレンジする。段落や「。」で交代していく。もし途中で間違いが起こったならば，どんなに読み進んでいようが，容赦なく最初に戻る。時間はかかるかもしれないが，見事最後までたどり着いた時には，きっと大歓声に包まれることだろう。

　単元のまとめとして，ちょっとしたイベントとして，学年の集大成として，いろいろな場面で使えそうな手である。成功した暁には，最大級の称賛の言葉をプレゼントしてもらいたい。

　音読する楽しさをみんなで味わってもらえることを願う。

応用 !

■ さらに条件をつけて

　ただ間違えずに読むだけではなく，これまでの音読をプラスしてハードルをあげてみる。12手目の「（　）抜き音読」や19手目の「全力音読」などを設定するだけで，さらに盛り上がることだろう。

■ じゃまじゃま

　一致団結してゴールに向かっている子どもたち。笑わせたり，関係ないことをしゃべったり……。思いっきりじゃまをして，敵になろう。敵がいると燃えるものである。しかし，やりすぎて，本気で嫌われないようにほどほどに……。

禁じ手
間違えた人がみんなから責められる，叱られる。そんな学級にならないように……

定番

ゲーム

演技派

邪道

交流

ただただおもしろい　音読の方法48手　　111

【著者紹介】

垣内 幸太（かきうち こうた）

大阪府箕面市立とどろみの森学園。
1974年，兵庫県生まれ。大阪教育大学教育学部卒業。
2009年，関西体育授業研究会設立。
2015年，授業力＆学級づくり研究会（下記詳細）設立。

〈著書（共著含む）〉

- 絶対成功シリーズ『学級力が一気に高まる！絶対成功の体育授業マネジメント』『導入５分が授業を決める！「準備運動」絶対成功の指導ＢＯＯＫ』ほか
- SUシリーズ『勝負の学級づくり』『勝負の授業づくり』『勝負の国語授業づくり』 ほか
- 『笑顔で全員参加の授業！ ただただおもしろい指名の方法48手』（以上明治図書）
- 『算数授業で学級づくり』（東洋館出版社）

授業力＆授業づくり研究会（https://jugakuken.jimdo.com/）
「子ども，保護者，教師。みんな幸せ！」を合言葉に発足。
教科・領域・主義主張にとらわれず，授業力向上とみんなが幸せになれる学級づくりについて研究を進めている。
大阪を中心に，月１回程度の定例会，年４回程度の公開学習会を開催。

〔本文イラスト〕木村美穂・モリジ

教師力ステップアップ
授業が一気に活性化！
ただただおもしろい音読の方法48手

2019年10月初版第１刷刊	Ⓒ著 者	垣　内　幸　太
	発行者	藤　原　光　政
	発行所	明治図書出版株式会社
		http://www.meijitosho.co.jp
	（企画）木村悠（校正）関・（株）APERTO
	〒114-0023　東京都北区滝野川7-46-1
	振替00160-5-151318　電話03(5907)6702
	ご注文窓口　電話03(5907)6668

＊検印省略　　　　　組版所　株式会社木元省美堂
本書の無断コピーは，著作権・出版権にふれます。ご注意ください。

Printed in Japan　　　　ISBN978-4-18-281912-4
もれなくクーポンがもらえる！読者アンケートはこちらから →